Picassos Leben

Pablos Geschichte

Picassos Leben
Für Kinder erzählt mit Bildern aus der Sammlung Berggruen

von
Mario Giordano

Das Zirkuspferd
1937
Feder, Tusche und Pastell
auf Papier
29 x 43 cm

Pablo Picasso war ein Maler.
Er wurde 92 Jahre alt.
Seine Bilder kann man in allen
großen Museen der Welt sehen.
Auch im Museum Berggruen in Berlin.

»Ich suche nicht.
Ich finde.«

Das war Picasso ...

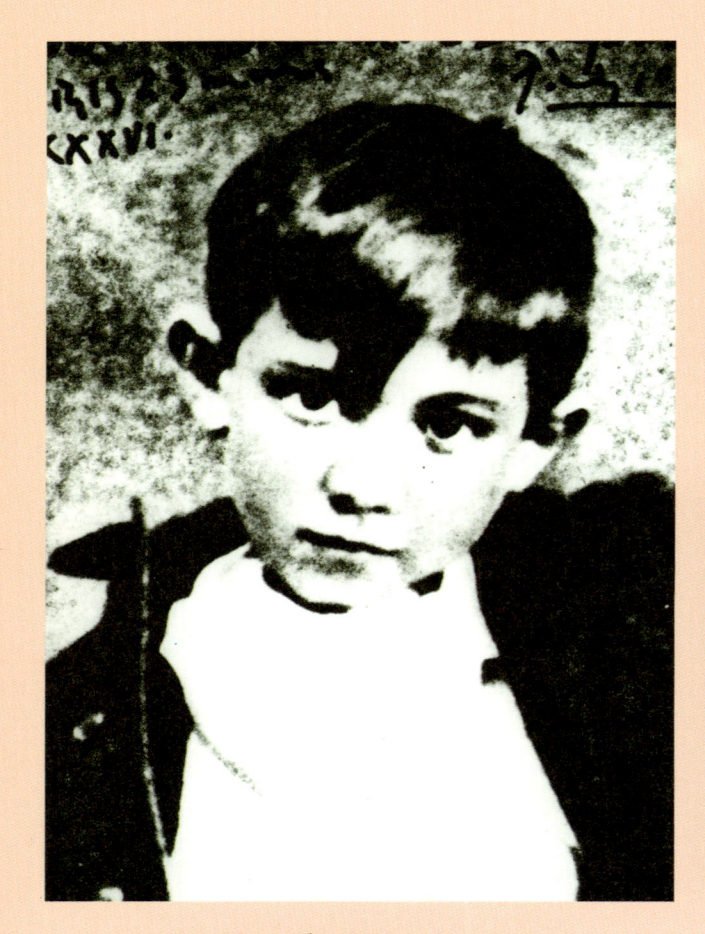

... mit 7 Jahren   ... mit 34 Jahren   ... mit 84 Jahren

»Um zu wissen,
was man zeichnen will,
muss man
zu zeichnen anfangen.«

Pablo Picasso wurde in Málaga
in Spanien geboren.
Sein Vater brachte ihm das Zeichnen bei.
Picasso malte alles, was er sah:
Tauben, Katzen, Affen, Menschen,
Pferde, Stiere – und seinen Vater.

Studienblatt
1897
Feder mit Tusche
auf kariertem Papier
30,5 x 20,7 cm

»Immer muss man versuchen,

einen anderen nachzuahmen.

Aber es stellt sich dann heraus,

dass man es gar nicht kann!

Man möchte es wohl tun. Man versucht es.

Aber es geht immer schief.

Und in diesem Augenblick,

wo man alles verpatzt,

da gerade ist man man selbst.«

Mit 20 Jahren zog Picasso nach Paris in Frankreich.
Er hatte viele Freunde. Aber er war sehr arm.
In dieser Zeit malte er fast nur mit Blau.
Zum Beispiel seinen Freund Jaime Sabartés.

Bildnis Jaime Sabartés
1904
Öl auf Leinwand
49,5 x 37,5 cm

Mit seinen Freunden
ging Picasso oft in den Zirkus.
Er mochte die Gaukler
und Artisten.
Picasso malte sie
mit viel Rosa und Rot.

Sitzender Harlekin
1905
Aquarell und Tusche
auf Karton
57,2 x 41,2 cm

»Ohne Einsamkeit

kann nichts entstehen.«

Picasso reiste oft nach Spanien
zu seinen Eltern,
weil es dort wärmer ist.
Er malte den ganzen Tag.

Kopf eines jungen Mannes
1906
Gouache auf Karton
40 x 26,7 cm

Er verliebte sich in Fernande Olivier.

Frauenkopf
1906
Holzschnitt
55,7 x 38,5 cm

»Die Liebe gibt es nicht,
es gibt nur Beweise der Liebe.«

Dann verliebte er sich in Eva.

Ma Jolie
1914
Öl auf Leinwand
45 x 41 cm

Dann verliebte er sich in Olga.

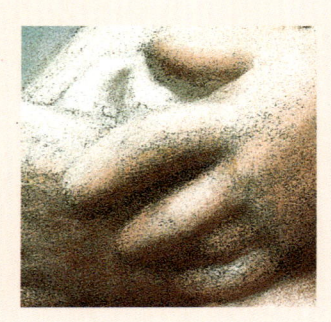

Sitzender Akt, sich den Fuß trocknend
1921
Pastell auf Papier
66 x 50,8 cm

Dann verliebte er sich in Marie-Thérèse.

Kopf einer Frau mit buntem Hut
1939
Öl auf Leinwand
61 x 50 cm

Dann verliebte er sich in Dora.

Frauenbildnis
1940
Öl auf Leinwand
64 x 46 cm

32

Dann verliebte er sich in Françoise.

Die Lektüre
1953
Öl auf Holz
81 x 100 cm

Dann verliebte er sich in Geneviève.

Die Haarpracht
1951
Tusche auf Papier
32 x 24 cm

Dann verliebte er sich in Jacqueline.

Porträt von Jacqueline
1959
Öl auf Leinwand
22 x 16 cm

»Über Bilder lässt sich nichts sagen, man liebt sie oder verabscheut sie, aber mit Worten lassen sie sich nicht erklären.«

Picasso hatte vier Kinder:
Paolo, Maya, Claude und
Paloma (das bedeutet »Taube«).
Sein Hund hieß Yan.
Sie lebten in einem Haus
am Meer und gingen oft zum Strand.
Picasso aß am liebsten Ratatouille
mit Spiegelei.
Einmal malte Picasso einem Freund
ein Gesicht auf den Bauch.
Der Freund freute sich,
aber jetzt wollte er sich
nie mehr waschen.

Die Badenden
1934
Tusche und Bleistift auf
geripptem Papier auf Karton
22,4 x 47,8 cm

»Es kommt vor, dass man ein Bild
einzig und allein
um einer Kleinigkeit willen malt,
die kein Mensch beachten wird.
Malt man ein Bild
wegen eines einzigen Pfirsichs,
denken die Leute aber,
der Pfirsich sei nur ein Detail.«

Picasso malte gern nachts.
Er mochte das Licht und den Schatten
unter seiner kleinen Lampe.
Alles wirkte plötzlich ganz anders.

*Fruchtschale
mit Birnen und Äpfeln
1908
Öl auf Holz
27 x 21 cm*

»Wenn man genau weiß,

was man machen will,

wozu soll man es dann

überhaupt noch machen?

Da man es ja bereits weiß,

ist es ganz ohne Interesse.

Besser ist es dann,

etwas anderes zu machen.«

Picassos Atelier in Paris
lag im fünften Stock.
Die Treppe war steil und eng.
Oben an der Tür hing ein Zettel.
Darauf stand mit blauer Schrift:
Hier.

Gitarre und Zeitung
1916
Öl und Sand auf Leinwand
101 x 66 cm

»Hähne!
Es hat immer Hähne gegeben.
Es kommt nur darauf an,
sie, wie auch den Rest des Lebens,
zu entdecken.«

Picasso lebte in Frankreich.
Aber er dachte oft an Spanien.
Er malte diesen Hahn,
als in Spanien gerade Krieg war.

Der Hahn
1938
Kohle und Pastell auf Papier
76 x 56 cm

»Eines Tages nehme ich einen Fahrradsattel und eine Lenkstange, setze sie aufeinander – ich mache einen Stierkopf. Sehr gut. Was ich aber sofort danach hätte tun sollen: den Stierkopf wegwerfen. Ihn auf die Straße, in den Rinnstein, irgendwohin werfen. Dann käme ein Arbeiter vorbei, läse ihn auf und fände, dass man aus diesem Stierkopf vielleicht einen Fahrradsattel und eine Lenkstange machen könnte. Und er tut es ... Wundervoll wäre das.«

Gas-Absperrhahn,
Henkel eines Weidenkorbs,
kaputte Schaufel,
zwei alte Gabeln.

Der Kranich
1952
Bemalte Bronze
74 x 44 x 27 cm

Da war Picasso 87 Jahre alt.
Aber er malte immer noch.
Mit seinen Freunden
ging er auch immer noch
oft in den Zirkus.
Bis er mit 92 Jahren starb.

Der Zirkus
1968–69
Tusche, Farbstifte
und Kreide auf Papier
31,5 x 44 cm

Das war seine Unterschrift:

Picasso

Herausgegeben von Ute Blaich

Die Bildvorlagen wurden uns freundlicherweise
von der Sammlung Berggruen/Bildarchiv
Preußischer Kulturbesitz, Berlin zur Verfügung
gestellt.

Die Zitate wurden entnommen aus: Picasso –
Über Kunst © Diogenes Verlag AG Zürich, 1982

ISBN 3-351-04009-1
1. Auflage 2000
© Aufbau-Verlag GmbH, Berlin 2000
Für die Werke von Pablo Picasso © Succession
Picasso/VG Bild-Kunst, Bonn 2000
Für die Zitate © Diogenes Verlag AG Zürich, 1982
Einbandgestaltung Ute Henkel/Torsten Lemme
Typografische Gestaltung Torsten Lemme
Litho City Repro im Druckhaus Berlin Mitte GmbH
Gesamtherstellung Offizin Andersen Nexö Leipzig
gedruckt auf Gardapat, Schneidersöhne
Printed in Germany
www.aufbau-verlag.de